Philosophische Pudeleien

Schopi ist glücklich

Brigitte Zander-Lüllwitz

Philosophische Pudeleien

Schopenhauer und die Hunde

**Bibliografische Information der Deutschen
Nationalbibliothek**
Die Deutsche Nationalbibliothek verzeichnet diese
Publikation in der Deutschen Nationalbibliografie;
detaillierte bibliografische Daten sind im Internet über
http://dnb.d-nb.de abrufbar.

© 2013 Brigitte Zander-Lüllwitz
Umschlagdesign, Satz, Herstellung und Verlag:
BoD – Books on Demand

ISBN 978-3-7322-0801-2

Für Jürgen

Inhalt

Vorwort

Dieses Büchlein ist entstanden in Mußestunden des Alters. Es ist kein Beitrag zur Schopenhauer-Forschung, obwohl es – neben Überliefertem zum Leben des Philosophen mit seinen Hunden – auch seine Sicht auf Tiere, speziell Hunde, skizziert. Es erhebt auch nicht den Anspruch, Neues zur Hundeforschung zu referieren. Gleichwohl bringt es – im Vergleich mit Schopenhauer – ein paar Streiflichter dazu.

Für beides, Hundekundliches und Philosophisches (wobei dieses im Wesentlichen ebenfalls Hundekundliches ist) – existieren Anmerkungen, bei denen in den Zitaten Rechtschreibung und Zeichensetzung unseren heutigen Gepflogenheiten angepasst sind und etwaige Hervorhebungen im Original (Kursives, Gesperrtes und Großbuchstaben) ignoriert werden. Zusätze und Erläuterungen in Zitaten sind in [ ] gesetzt. Das Literaturverzeichnis wurde bewusst nicht nach dem amerikanischen System angelegt, damit die Schopenhauerzitate in jeder Ausgabe auffindbar sind.

Obgleich Wissenschaftliches miterscheint, will das Büchlein in erster Linie unterhalten. Möge dies ein wenig gelingen.

Danksagung

Mein Dank gilt vor allem meinem lieben Mann, der die Idee zu diesem Büchlein hatte und dem es auch gewidmet ist. Er gab – ganz praktisch – so manchen Tipp in puncto Textverarbeitung mit dem Computer; er verwaltete die Bilddateien und lieferte – als exzellenter Schopenhauer-Kenner – theoretisch wertvolle Hinweise zum Philosophischen. Zudem verdanke ich ihm das Korrekturlesen. Er hat mich immer wieder zum Schreiben ermuntert und dabei begleitet. Ermuntert haben mich aber auch Freunde und Bekannte. Auch ihnen sei Dank. Dank gebührt aber auch Herrn Stephen Roeper vom Archivzentrum der Universitätsbibliothek Frankfurt/Main, der Bilder suchen half, Vorlagen als Datei zur Verfügung stellte und die Druckerlaubnis für die Busch-Karikatur gab. Mein Dank gilt auch Herrn

Prof. Dr. Alain Deligne, Universität Münster, der für seine beiden Zeichnungen ebenfalls die Vorlagen bereitstellte. Bilddateien erstellte auch unser Nachbar Herr Peter Koschinsky. Ihm sei ebenfalls Dank. Dank sei auch Herrn Peter Seifried von der Agentur Schlück, der die Ausfertigung der Druckerlaubnis für die Gernhardt-Zeichnung veranlasste und Herrn Dr. Thomas Kronenberg von Caricatura Frankfurt, der die Abdruckrechte für die Poth-Zeichnung vermittelte.

»Wenn es keine Hunde gäbe …«

»Verstanden hat sich auf die Dauer // nur mit dem Pudel Schopenhauer«,[1] dichtete Eugen Roth 1942 über den großen Philosophen und Hundeliebhaber. Das war nicht ganz zu Recht, denn Schopenhauer hatte durchaus langjährige echte Freunde, wie einer dieser Freunde bezeugt.[2] Aber alle zehn bis zwölf Jahre, immer dann nämlich, wenn sein alter Hund an Altersschwäche gestorben war, kaufte er einen neuen. Das war wohl meist kein Welpe,[3] aber stets ein Pudel. Dies geschah schon in frühen Zeiten, als Schopenhauer noch Student war. Ein Zeitgenosse und Freund berichtet: »Mit Platons und Kants Werken ›mit Sokrates‹ Büste und Goethes Porträt zogen damals bereits der Pudel und dessen Lager, das [schwarze] Bärenfell, in die Studierstube [in Göttingen] ein.[4]

Wenn man Erinnerungen an Schopenhauers

Hunde liest und von den Bildern ausgeht, die ihn mit seinem ständigen Begleiter zeigen, so muss es sich zumindest meist um Großpudel gehandelt haben, zumal Schopenhauer zugesehen haben soll, dass der neue Hund dem verstorbenen ähnlich sah. So sollte sicher nicht nur der große braune Pudel, der wohl Schopenhauers letzter war und den er schon besaß, als das Tier 17 Monate alt war, an Größe und Gestalt dem alten gleichkommen.[5]

Der Pudel allgemein nun ist ein »Gesellschafts- und Begleithund [...] Er erweckt den Eindruck eines intelligenten, stets wachsamen, munteren sowie harmonisch gebauten Hundes, der sehr elegant und stolz ist [...] Er zeichnet sich durch seine Treue, Gelehrigkeit und Ausbildungsfähigkeit aus, was ihn zu einem besonders angenehmen Gesellschafter macht.«[6]

Schopenhauer haben seine Pudel durch »Klugheit und bisweilen wieder [...] Dummheit [...] in Erstaunen gesetzt.«[7] Nur von der Treue der Hunde war er so überzeugt, dass er sagen konnte, der Hund sei zu Recht »das

Symbol der Treue«.[8] Ebenso konnte er sich darüber erbosen, dass in Europa (im Allgemeinen) Hunde nicht bei ihren Haltern begraben werden dürfen, obwohl »der treue Hund neben der Ruhestätte seines Herrn [...] bisweilen aus einer Treue und Anhänglichkeit, wie sie beim Menschengeschlechte nicht gefunden wird, seinen eigenen Tod abgewartet hat.«[9]

Der Philosoph kaufte also immer einen Pudel. Meistens war es ein schwarzer, aber nicht immer. Als Schopenhauer 1833 nach Frankfurt/Main zog,[10] kaufte er einen großen weißen. Eine Nachbarin, von der noch öfter die Rede sein wird, erinnert sich an einen grauen,[11] und sein letzter (ebenfalls groß) war braun »mit großen Hängeohren, breitem Schädeldach und melancholisch-klugen Augen.«[12] Doch der leibhaftige Pudel reichte ihm nicht. Ein Zeitgenosse berichtet: »Sein Zimmer [in Frankfurt] wusste er sich allmählich so auszuschmücken, dass der Blick überall auf Gegenstände traf, die seine Gesinnungsart und Lehre verkündeten. Unter den tierischen [...] Erscheinungen

15

waren ihm die interessantesten und liebenswürdigsten [... die] Hunde, die treuen und klugen Freunde des Menschen, ganz besonders der Pudel. Rings an den Wänden sah man eine Galerie von Hunden unter Glas und Rahmen, sechzehn an der Zahl [...]. Der einzige ihm unentbehrliche Stubengenosse war der Pudel, der auf seinem Bärenfell zu seinen Füßen lag; als der schöne große weiße an Altersschwäche gestorben war, kam ein brauner an seine Stelle.«[13]

Der Philosoph kaufte also immer Pudel, und er nannte sie alle Atma, was in der hinduistischen Mystik Weltseele, aber auch Atem, Lebenshauch bedeutet. Diese scheinbar einförmige Benennung galt aber nur für seinen intimen Umgang mit dem Hund, wenn es sozusagen feierlich wurde. Sonst hatten sie ihre »profanen Namen.«[14] Dies war wohl wieder für alle der Name »Butz«.[15] Einmal allerdings soll Schopenhauer zwei Pudel besessen haben, die die Namen Caesar und Brutus trugen.[16] Weil sich die beiden Hunde zum Verwechseln ähnlich sahen, wurde Schopenhauer gefragt, wie er sie denn auseinanderhalten könne. Schopenhauer soll geantwortet haben: »O, ganz einfach. Wenn ich Caesar streichle und er beißt mich, so gibt es nicht den geringsten Zweifel, dass es Brutus ist.«[17]

Wenn es also feierlich wurde, nannte Schopenhauer seine Pudel alle »Atma«. Dies geschah nicht aus Einfallslosigkeit, sondern ist, wie wir noch sehen werden, in seiner Philosophie begründet, ebenso wie wohl die Tatsache, dass die Hunde einander ähneln sollten.

Wehe aber, er ärgerte sich über seine Hunde, dann nannte er sie »du Mensch«. Dazu ist folgende Anekdote überliefert:

»Einst kam ein Reisender an unsere Tafel [im Englischen Hof, wo Schopenhauer zu speisen pflegte], saß uns gegenüber und erzählte ein neu vorgefallenes, allerliebstes Stücklein von einem Hunde. Schopenhauer hörte mit höchster Spannung die Erzählung an und sagte nachher: Ja; was Sie da mitteilten, ist gewiss wahr. Ich habe auch einen; einen Pudel, und wenn er etwas Garstiges tut, so sage ich ihm: pfui, du bist kein Hund; du bist nur ein Mensch. Ein Mensch; ein Mensch! Pfui, schäme dich. Dann schämt er sich und legt sich in seine Ecke.

Alles schwieg, und Schopenhauer grinste fürchterlich. Ich sah ihm an, dass er dachte, so sind die Menschen; die Kanaille. Man kann sie unter die Hunde herabsetzen, und sie mucksen nicht. Da sagte ich mit lauter Stimme: Herr Doktor, einem solchen, der seinen Hund, wenn er ihn beschimpfen will, Mensch sagt, einem solchen kann man, wenn man ihn ehren will, sagen: Du Hund! Nun zappelten einige Augenblicke lang seine Gesichtszüge und Glieder krampfhaft. Endlich aber siegte bei dem Philosophen meine schlagende Logik und er sagte: »Ja; ich habe nichts dagegen.«[18]

»Du Mensch« als Schimpfwort (wenn auch nur im Scherz).[19] So ist Schopenhauer so manchem denn auch nur als Misanthrop bekannt. Und in der Tat, wenn es um seine Artgenossen ging, nahm er kein Blatt vor den Mund. Hier einige Kostproben seiner Lästereien:

»Schopenhauer befand sich auf seinem täglichen Spaziergang vor den Toren Frankfurts. Wie stets war er hierbei von seinem treuen Pudel begleitet, der ihm munter voranlief und dabei unversehens eine ungemein dürre Frau ansprang, die sich darob sehr entsetzte und den Philosophen mit Vorwürfen überschüttete. Aber Schopenhauer wurde nach seiner Manier sehr grob und schimpfte: ›Wundert mich gar nicht, der Pudel! Er hat bestimmt noch nie einen solchen Haufen Knochen beisammen gesehen!‹«[20]

Und noch einmal trifft es die Frauen: »Täglich ging Arthur Schopenhauer mit seinem Hund spazieren und dabei kam er auch öfters mit einer Frau ins Gespräch. Solange sich Schopenhauer mit dieser Frau über Philosophie unterhielt, ging alles gut, aber als die Frau zu schwärmen begann: ›Ach, es müsste doch herrlich sein, immer so zu zweit durchs Leben zu wandern, und ich bin immer so allein!‹ riet Schopenhauer seiner Begleiterin: ›Da gebe ich Ihnen einen sehr guten Rat: Schaffen Sie sich doch einfach einen Mops an!‹«[21]

Aber nicht nur die »Weiber«, sondern auch die Männer, bekommen ihren Teil ab, sogar Hundebesitzer:

»Schopenhauer kam einmal während seines täglichen Spaziergangs mit dem stolzen Besitzer eines Schnauzers ins Gespräch, der die Intelligenz seines Hundes nicht genug zu rühmen wusste. ›Sprechen kann er natürlich nicht‹, sagte der Mann, ›aber ich habe noch nie ein so kluges Tier gesehen. Ich bin überzeugt, dass er ebenso viel weiß wie ich.‹ ›Hm‹, machte Schopenhauer, ›das mag ja sein, aber ein Beweis für seine Klugheit ist es nicht.‹«[22]

Eher untypisch für Schopenhauer, untypisch weil er wohl nie einen Hund verkauft hätte, ist folgende Anekdote: »Schopenhauer hatte sich einmal einen Hund für einen Taler gekauft. Das Tier gefiel ihm aber nicht, und er wollte es wieder verkaufen. Er fand auch rasch einen Liebhaber, der ihm drei Taler gab. ›Mir scheint es‹, sagte daraufhin ein boshafter Bekannter zu dem Philosophen, ›Sie haben mehr Glück mit dem Hundehandel als mit dem Bücherschrei-

verre personnel
dont il ne se dessaisit
jamais car la méfiance
à l'égard des fourni-
tures hôtelières était
grande → Phobie de
la Contagion

Münster, 1981

ben.‹ ›Das ist kein Wunder‹, erwiderte darauf Schopenhauer, ›es gibt eben sehr viel mehr Hundekenner als Bücherkenner.‹«[23]

Ebenfalls unwahrscheinlich, aber überliefert ist folgende Begebenheit: »Der große und dickangelegte Metzgermeister M. schlenderte eines schönen Morgens mit seinem kleinen Jungen und seinem großen Hunde am Mainquai hinauf. In der Nähe von Schopenhauers Wohnung angelangt, fand sich dessen Pudel, der bekanntlich von seinem Herrn, wenn er (nämlich der Pudel) unartig war, ›Mensch‹ geschimpft wurde, veranlasst, den Metzgerhund zu attackieren [unwahrscheinlich]. Dieser war jedoch dem Pudel über und hatte ihn bald unter sich. Da stürzte plötzlich Schopenhauer aus seiner Wohnung, im Schlafrock, mit fliegenden Haaren, um das metzgerliche Beest mit seinem Stocke zu bearbeiten. Diese Beschäftigung wurde indessen durch den dicken M. unterbrochen, der dem Philosophen zurief: ›Gehst Du gleich in Dei Hitt [Deine Hütte; Hütte für »Haus«], Du Narr!‹ Schopenhauer betrachtete sich einen Augenblick den robusten Metzger und dessen blutiges ›Benneltuch.‹[24] Dann sah er wohl ein, dass mit aller Philosophie gegen diese Fäuste nichts auszurichten sei, machte kehrt, ohne sich weiter um seinen Pudel zu kümmern.«[25] (Unwahrscheinlich).

Auf der anderen Seite formulierte Schopenhauer, dass die Bosheit in Mensch und Tier ein und dieselbe ist[26]. Kritik an seinem Lieblingstier (noch vor den Orang-Utans, die er auch sehr schätzte) wird ebenfalls in folgender Äußerung deutlich: »Kaum dass Hunde die zu große Freundlichkeit vertragen, geschweige Menschen.«[28] Und wenn auch in den Anekdoten von der dünnen und der einsamen Frau die »Weiber« (wieder) einmal schlecht wegkommen, so sind gerade sie es, denen der Philosoph die größte Liebesfähigkeit zuschreibt. Seinen Pudel konnte er sogar (sanft) mit dem Stiefelabsatz treten – wenngleich mehr aus Zärtlichkeit denn als Strafe – wenn dieser einen Besucher anknurrte.[29]

Dennoch bleibt die Tatsache, dass er Hunde

den Menschen vorzog. Diese Vorliebe gipfelt in den Worten. »Wenn es keine Hunde gäbe [...], möchte ich nicht leben.«[30]

Was aber hat den eigenwilligen Mann aus Danzig dazu gebracht, Hunde so hoch und Menschen so gering zu schätzen? Wie hat er sie von seiner Philosophie her gesehen? Und schließlich – was hat er mit seinen Pudeln erlebt?

Warum Hunde?

Empathie allen

Lassen wir ihn zunächst selbst zu Worte kommen: Es gibt im Menschen »ein angeborenes Widerstreben, seinesgleichen leiden zu sehen.«[31] Auf diesem Gefühl beruht »die einzige natürliche Tugend«[32]: das Mitleid. Allein »aus dieser Eigenschaft [entspringen] alle sozialen Tugenden.«[33] Wir lassen uns zum Mitleid dadurch bewegen, »dass wir uns außerhalb unserer selbst versetzen und uns mit dem Wesen, welches leidet, identifizieren [...]. Wir leiden dabei in dem Maße, wie wir glauben, dass es leidet; nicht in uns leiden wir, sondern in ihm.«[34] Mitleid ist für Schopenhauer also die Fähigkeit, sich in den anderen hineinzuversetzen: Tat twam asi, »Dies bist du«.[35]

Diese Empathie ist »die wahre Basis der Moralität.«[36] Sie gilt aller Kreatur. So sagt Schopenhauer: »Mitleid mit Tieren hängt mit der

Güte des Charakters so genau zusammen, dass man zuversichtlich behaupten darf, wer gegen Tiere grausam ist, könne kein guter Mensch sein.«[37] Auch zeigt dieses Mitleid sich als aus derselben Quelle mit der gegen Menschen zu übenden Tugend entsprungen.[38] Es wendet zunächst Leid ab von anderen und wird dann helfend tätig.[39] »Mitleid und Liebe [aber] sind identisch. Alle Liebe ist Mitleid, denn das geliebte Wesen ist leidensfähig und lebt in einer leidvollen Welt.«[40]

Ohne Falsch

Dennoch leidet das Tier nicht ganz so sehr wie der Mensch, denn Tiere kennen »keine anderen Schmerzen als die, welche die Gegenwart unmittelbar herbeiführt.«[41] Das Tier hat nur Gegenwart. Beim Menschen dagegen stehen zwischen der ausdehnungslosen Gegenwart und ihm selber immer schon sein Nachdenken über sie; und dieses Nachdenken geht über die

Gegenwart hinaus in Vergangenheit und Zukunft. Weil nun Tiere keine Gedanken haben »sind [sie] auch […] weder des Vorsatzes noch der Verstellung fähig […]«.[42]

Und so kann Schopenhauer sagen: »Daher eben kommen die vierbeinigen Freundschaften so vieler Menschen besserer Art: denn freilich, woran sollte man sich von der endlosen Verstellung, Falschheit und Heimtücke der Menschen erholen, wenn die Hunde nicht wären, in deren ehrliches Gesicht man ohne Misstrauen schauen kann? – Ist doch die zivilisierte Welt eine große Maskerade. Man trifft daselbst Ritter, Pfaffen, Soldaten, Doktoren, Advokaten, Priester, Philosophen und was nicht alles an! Aber sie sind nicht, was sie vorstellen: Sie sind bloße Masken, unter welchen, in der Regel, Geldspekulanten […] stecken.«[43]

Und er dichtet infolgedessen: »Wundern darf es mich nicht, dass manche die Hunde verleumden: // Denn es beschämet zu oft leider den Menschen der Hund.«[44]

Der Hund ist also ohne Falsch. »In dieser Hin-

sicht verhält [er] sich [...] zum Menschen wie
ein gläserner zu einem metallenen Becher, und
dies trägt viel bei, ihn uns so wert zu machen.«[45]

Ohne Gedächtnis – aber mit Erinnerung, Phantasie und Traum

Ein weiterer, gravierenderer Unterschied zwischen Mensch und Tier ist für Schopenhauer
die Tatsache, dass Tiere zwar Verstand, nicht
aber Vernunft haben, also keine abstrakten Begriffe bilden können. Daher hat das Tier auch
keine Vorstellung von der Vergangenheit und
somit »nur eine anschauende, keine denkende
Rückerinnerung.«[46]

So kann es sich zwar erinnern, hat aber im
eigentlichen (menschlichen) Sinne kein Gedächtnis, »obgleich durch [...] die Gewohn-
heit die Vergangenheit auf das Tier wirkt,
daher z. B. der Hund seinen früheren Herrn
auch noch nach Jahren kennt, d.h. von dessen
Anblick den gewohnten Eindruck erhält.«[47]

Dieses anschauende Gedächtnis »steigert sich [… bei den klügsten Tieren] bis zu einer Art Phantasie. Dieser Fähigkeit ist es zuzuschreiben, dass ein Hund, dessen Herr längere Zeit abwesend war, Verlangen nach ihm empfindet.«[48]

»Auch die Tatsache des Träumens bei den höheren Tieren gilt Schopenhauer als Beweis für ihr Phantasievermögen.«[49] »Denn ein Traum kann nur da zustande kommen, wo sich eine Summe von Vorstellungen in wachendem Zustande gesammelt hat, die dann im Traumleben freies Spiel hat.«[50]

Ohne Vernunft – aber mit Verstand

Gemeinsam mit dem Menschen hat das Tier also Verstand. Dieser ist – vielfach abgestuft in den einzelnen Wesen – bei Mensch und Tier gleichartig, also zunächst das aller Erfahrung zugrundeliegende Bewusstsein von Ursache und Wirkung (Kausalität). Schopenhauer berichtet von seinem Pudel Atma: »Vor kurzem hatte ich in meinem Schlafzimmer große, bis zur Erde reichende Fenstergardinen anbringen lassen von der Art, die in der Mitte auseinanderfährt, wenn man an einer Schnur zieht: als ich nun dies zum ersten Mal […] ausführte, bemerkte ich, zu meiner Überraschung, dass mein sehr kluger Pudel ganz verwundert dastand und sich, aufwärts und seitwärts, nach der Ursache des Phänomens umsah, also die Veränderung suchte, von der er a priori [vor aller Erfahrung] wusste, dass sie vorhergegangen sein müsse.«[51]

Es ist dasselbe Wissen von Grund und Folge, das nicht aus der Erfahrung stammt, sondern ihr vorausgeht, was – wie Schopenhauer sagt – den noch ganz jungen Hund zögern lässt, vom Tisch zu springen, obwohl er es möchte. Denn es besteht ja die Gefahr, sich dabei zu verletzen.[52]

Dieses Wissen vor aller Erfahrung ist nicht zu verwechseln mit dem Instinkt. Diesen denkt sich Schopenhauer »als die Fähigkeit der Tiere,

in zweckmäßiger Weise auf ein Ding hinzuar-
beiten, das sie selbst noch nicht kennen und
von dem sie keine Vorstellung besitzen.«[53] Das
ist ein innerer Vorgang und entzieht sich unserer Betrachtung.[54] Die Quellen des Instinkts
liegen im Willen und nicht im Intellekt; »wie
alle körperlichen und geistigen Äußerungen
im Leben der Tiere auf dem unbeweglichen
Fundament des blinden Willens beruhen, so ist
auch das Walten des Instinkts aus dem inneren
Triebleben zu erklären.«[55] Im Instinkt ist der
Wille ohne Erkenntnis tätig »und verleiht den
Instinkthandlungen jene Sicherheit, die nur bei
der Alleinherrschaft des Willens möglich ist.«[56]
Und der Wille, »auf eine bestimmte Art und
Weise zu leben, ist es […], der den Tieren ihre
Organe und ihre ganze Gestalt verliehen hat.«[57]

Doch zum Willen – dem zentralen Begriff in
der Philosophie Schopenhauers – weiter später. Noch sind wir beim Erkenntnisvermögen.

Der Verstand des Hundes als sein Erkenntnisvermögen ist vom Verstand des Menschen
nur dem Grade nach verschieden. Was nach

Schopenhauer den menschlichen Intellekt aber wesentlich vom tierischen Verstand unterscheidet, ist die Vernunft, die beim Menschen hinzukommt. Es ist die Fähigkeit, abstrakte Begriffe zu bilden, was Schopenhauer »denken« nennt. Nur der Mensch kann denken.

Ohne Sprache – aber mit Gebärde und Laut und einem Analogon zur Sprache

Weil das Tier ohne Vernunft ist, also keine Allgemeinbegriffe bilden kann, ist es weder fähig zu sprechen noch zu lachen. »Dieses ist [...] ein Vorrecht und charakteristisches Merkmal des Menschen. Jedoch hat, beiläufig gesagt, auch sein einziger Freund, der Hund, einen analogen, ihm allein eigenen charakteristischen Akt vor allen anderen Tieren voraus, nämlich das so ausdrucksvolle, wohlwollende und grundehrliche Wedeln. Wie vorteilhaft sticht doch diese, von der Natur eingegebene Begrüßung ab [meint Schopenhauer], gegen die Bücklinge und grinsenden Höflichkeitsbezeugungen der Menschen, deren Versicherung inniger Freundschaft und Ergebenheit es an Zuverlässigkeit, wenigstens für die Gegenwart, tausend Mal übertrifft.«[58] Und an anderer Stelle: »Das Tier teilt seine Empfindung und Stimmung mit durch Gebärde und Laut: Der Mensch teilt dem andern Gedanken mit, durch Sprache, oder verbirgt Gedanken durch Sprache. Sprache ist das erste Erzeugnis und das notwendige Werkzeug seiner Vernunft.«[59] Für Hunde gilt nach Schopenhauer – wie eben gesagt –, dass sie zusätzlich zu Laut und Gebärde ein Analogon zur Sprache besitzen.

Ohne Freiheit – aber auch ohne Moral?

Weil das Tier zwar Vorstellungen hat, aber keine abstrakten Begriffe und damit – wir erwähnten es schon – auch keine Vernunft, ist es einerseits ohne Falsch, andererseits aber auch ohne Freiheit. Zwar besitzt es Willen wie alles

J.E.Ridinger fic et excud Aug Vind
36

im Dasein, aber keine moralische Freiheit, d.h. Freiheit des Willens, was für Schopenhauer heißt: Freiheit *vom* Willen. Diese Freiheit, den Willen zu bejahen oder zu verneinen, ist dem Menschen vorbehalten. Doch dazu später. Das Tier besitzt – neben der Bewegungsfreiheit – lediglich die Wahlfreiheit zwischen mehreren Motiven, die auf es einwirken. Diese Motive bestimmen sein Handeln. Damit trifft sich das Tier in etwa wieder mit dem Menschen, denn hat der Mensch den Willen bejaht – und im »Normalfall« tut er das sein Lebtag –, ist sein Handeln ebenfalls determiniert von seinen Motiven. Dennoch geht der Vergleich nur in etwa auf, und eben die moralische Freiheit fehlt dem Tier völlig. Schopenhauer schreibt dazu:

»Fliegen setzen sich der Eidechse, die eben, vor ihren Augen, ihresgleichen verschlang, zutraulich auf den Kopf [schreibt Schopenhauer]. Wer wird hier von Freiheit träumen? Bei den oberen, intelligenteren Tieren wird die Wirkung der Motive immer mittelbarer: Nämlich das Motiv trennt sich von der Handlung, die es hervorruft […].«[60]

»Ein Verlangen, Begehren, Wollen oder Verabscheuen, Nicht-Wollen, beides bald befriedigt, bald nicht: Dies ist jedem Bewusstsein eigentümlich […]. Auch lassen sich von den Hauptaffekten, die wir an uns selbst kennen, in jedem Tiere wenigstens Spuren zeigen.«[61]

Aber »auch die klügsten Tiere sehen an den Objekten nur, was sie angeht, d.h., was auf ihr Wollen Beziehung haben kann.«[62] »Erst im Menschen treten Motiv und Handlung, Vorstellung und Wille, ganz deutlich auseinander«, »wobei dennoch meist der Intellekt dem Willen dienstbar bleibt.«[63] So ist denn die »Steigerung der Intelligenz vom dumpfesten tierischen Bewusstsein bis zu dem Menschen […] eigentlich eine fortschreitende Ablösung des Intellekts vom Willen«[64], die im Tier nicht oder – wie beim Hunde – kaum vollzogen wird. Das führt dazu, dass »noch nie ein Tier den gestirnten Himmel eigentlich ins Auge gefasst hat [ist Schopenhauer überzeugt], weil er ohne alle mögliche Beziehung zum Willen ist. Mein Pudel sprang erschrocken auf, als er zufällig zum ersten Mal in die Sonne gesehen hatte [...]. [Aber] Hunde scheinen allerdings bisweilen vom Fenster aus den Vorgängen auf der Straße mit einer Art objektiver Neugier zuzusehn.«[65]

Beim Menschen wird der Abstand zwischen Motiv und Handlung unermesslich. »Hingegen auch bei den klügsten Tieren muss die Vorstellung, die zum Motiv ihres Tuns wird, noch immer eine anschauliche sein [...]. Der Hund steht zaudernd zwischen dem Ruf seines Herrn und dem Anblick einer Hündin: Das stärkere Motiv wird seine Bewegung bestimmen, dann aber folgt notwendig, wie eine mechanische Wirkung,«[66] die Tat. Das Tier schwankt noch einen Augenblick und stürzt dann zu einer Seite hin.

Solange eine Motivation auf anschauliche Vorstellungen beschränkt ist, »wird diese Verwandtschaft mit dem Reiz und der Ursache [...] augenfällig.«[67] Das heißt aber auch, dass bei Tieren jede Handlung eine Ursache hat.

Das Tier ist also ohne Freiheit. »Dass dagegen Tieren alles Analogon von Moralität abgehe, wage ich nicht zu behaupten«[68], meint Schopenhauer dagegen.

Keine Individualitäten – aber Wahl zwischen Sympathie und Antipathie

Allerdings sind Hunde (wie alle Tiere), keine Individuen mit Persönlichkeit, sondern Exemplare ihrer Gattung.[69] Das unterscheidet sie von den Menschen. »Es liegt [aber] in der Natur des Menschen wie des Tieres, jede feindliche Begegnung feindselig zu erwidern, wie schon ein angeknurrter Hund wieder knurrt, ein geschmeichelter wieder schmeichelt usw.: Nirgend auf der Welt nimmt man Schimpfreden oder Schläge gelassen hin.«[70]

Gemeinsam mit Menschen haben Hunde auch die Eigenschaft, auf den ersten Blick zwischen Zuneigung oder Abneigung zu wählen, beides ist stets angelegt, meint Schopenhauer: »Demgemäß können wir auch selbst mit jedem Menschen, der uns nahe kommt, augenblicklich befreundet oder verfeindet sein, die Anlage zu beidem ist da und wartet auf die Umstände. Bloß die Klugheit heißt uns, auf dem Indifferenzpunkt der Gleichgültigkeit zu verharren; wiewohl er zugleich der Gefrierpunkt ist. Ebenso ist auch der fremde Hund, dem wir uns nähern, augenblicklich bereit, das freundliche oder das feindliche Register zu ziehn und springt leicht vom Bellen und Knurren zum Wedeln über, wie auch umgekehrt. Was diesem durchgängigen Phänomene […] zugrunde liegt, ist allerdings zuletzt der große Urgegensatz zwischen der Einheit aller Wesen nach ihrem Sein an sich und ihrer gänzlichen Verschiedenheit in der Erscheinung, als welche das principium individuationis [Prinzip der Vereinzelung] zur Form hat.«[71]

Allen gemeinsam: der Wille, das Herz

Diese Einheit »aller Wesen nach ihrem Sein an sich« ist der (Ur-)Wille. Er liegt – in mannigfachen Willensgestalten – allem vereinzelten Dasein zugrunde (Individuum als Einzelwille). So auch bei den Tieren: »Das Tier empfindet und schaut an; der Mensch denkt überdies und weiß: Beide wollen.«[72] Deshalb zeigt ein Blick auf die höher entwickelten Tiere, zu denen Hunde gehören, dass Mensch und Tier auch hinsichtlich ihrer Affekte und Neigungen sehr ähnlich sind. Diese »große Ähnlichkeit zwischen Mensch und Tier macht [eben] der Wille [...], d.h. die Neigungen, Affekte, das Herz.«[73] »Zorn hat auch der Tiger, der Hund, die Katze und die Biene – Freude, Furcht, Hoffnung, Begierde hat jedes Tier.«[74] Alle Gefühle, die der Mensch kennt, kennt auch das Tier, »wenn sie auch durch den Mangel an Abstraktion und Reflexion, durch die Beschränktheit auf das Gegenwärtige und Anschauliche keinen dauernden Eindruck hinterlassen und sich leicht durch andere Gefühle im nächsten Augenblick schon wieder verwischen lassen.«[75]

Affekte und Neigungen sind also gleich bei Mensch und Tier. Den Unterschied macht der Intellekt. Dieser aber ist für Schopenhauer bloß »Werkzeug zum Dienste [des Willens], das unzählige Grade der Vollkommenheit in den verschiedenen Tiergeschlechtern darbietet, während in allem der Wille, das Herz, im Wesentlichen dasselbe ist.«[76] »Der Intellekt ist ein Produkt der Natur, der Wille ihr Kern, ihr Schöpfer.«[77] Insbesondere beim Tier steht »der Intellekt ganz im Dienste des Willens,«[78] weil es der Selbsterkenntnis völlig unfähig ist.

Der Wille nun ist zu vergleichen mit dem Hunger, der vorübergehend gestillt wird, aber stets wiederkehrt, also nie aufhört und, solange er ungestillt bleibt, Leiden schafft. So ist »die Haupt- und Grundtriebfeder im Menschen wie im Tiere […] der Egoismus, d.h. der Drang zum Dasein und Wohlsein. […] Der Egoismus ist im Tiere wie im Menschen mit dem innersten Kern und Wesen desselben aufs Genaueste verknüpft, ja eigentlich identisch.«[79] Er ist zu trennen vom Eigennutz, der planmäßig Zwecke verfolgt und Vernunft voraussetzt, die die Tiere bekanntlich nicht besitzen, also zwar egoistisch im genannten Sinne, nicht aber eigennützig sind.[80]

Der Wille, also der Mangel, der Hunger, das Bedürfnis im engsten wie im weitesten Sinne, ist »das Lebensprinzip aller Dinge.«[81] Auch das der Tiere, ja der »leblosen Körper«[82] und uns bekannt unter dem Begriff des Unbewussten. Denn Schopenhauer »war es, durch den in den Begriff des Willens die neue Bedeutung des Blinden und Vernunftlosen gekommen ist, die dann […] bis in unsere Gegenwart hinein die Unterscheidung von Unbewusstem und Bewusstsein, von Wille und Vernunft und die gesamte Wirklichkeitserfahrung der Moderne beherrscht.«[83]

Gleichwohl kann wiederum der Mensch – wie schon erwähnt – sich von diesem Willen, der blind das Dasein will, befreien: Im Künstler und im Heiligen vermag er diesen Hunger nach Leben zu verneinen und so gänzlich frei zu werden.

Das Tier vermag das nicht. Es bleibt gefangen in sich selbst. Ihm ist der »abstrakte Reflex alles Intuitiven im nichtanschaulichen Begriff der Vernunft [… versagt], der dem Menschen jene Besonnenheit verleiht, […] wodurch sein ganzer Wandel auf Erden so verschieden ausfällt von dem seiner unvernünftigen Brüder. […] Sie leben in der Gegenwart allein; er dabei zugleich in Zukunft und Vergangenheit. Sie befriedigen das augenblickliche Bedürfnis; er sorgt durch die künstlichsten Anstalten für seine Zukunft, ja für Zeiten, die er nicht erleben kann. Sie sind dem Eindruck des Augenblicks, der Wirkung des anschaulichen Motivs gänzlich anheimgefallen: Ihn bestimmen abstrakte Begriffe unabhängig von der Gegenwart. […] [Der Mensch] hat endlich eine wirkliche Wahl zwischen mehreren Motiven […].«[84] Diese (und weitere) Unterschiede bleiben – trotz gemeinsamen Willens.

Dennoch schlägt sich Schopenhauer auf

44

die Seite der Tiere und nicht auf die Seite des (durchschnittlichen) Menschen: »Ich muss es aufrichtig gestehen: Der Anblick jedes Tiers erfreut mich unmittelbar [,] und mir geht dabei das Herz auf; am meisten der Hund und sodann alle freien Tiere, der Vögel, der Insekten. Und was es sei. Hingegen erregt der Anblick der Menschen fast immer meinen entschiedenen Widerwillen: Denn er bietet […] die widerwärtigsten Verzerrungen dar […][:] physische Hässlichkeit, den moralischen Ausdruck niedriger Leidenschaften und verächtlichen Strebens, Zeichen von Narrheiten und intellektuellen Verkehrtheiten und Dummheiten […].«[85]

Zugleich aber nimmt der Philosoph sich zurück und sagt: »Mit jeder menschlichen Torheit, Fehler, Laster sollen wir Nachsicht haben, bedeutend, dass, was wir da vor uns haben, eben nur unsere eigenen Torheiten, Fehler und Laster sind.«[86] Und er äußert sich pronounciert selbstkritisch: Einem Photographen, »der im Jahre 1849 ein Bild von Schopenhauer machte, verdanken wir folgende Schilderung über den Hergang: »Sehen Sie«, so sagte Schopenhauer zu dem Photographen, »so sieht der Philosoph Schopenhauer aus.« Dabei führte er den Kopf in die Hand, setzte den Ellbogen auf den Tisch auf und fixierte den Photographen durchdringend mit seinen hellen Augen. Dann schnitt er plötzlich eine scheußliche Fratze und sagte: »Und so sieht der Mensch aus [...].«[87]

Schopenhauer war enttäuscht von den Menschen und »die Erfahrung dieses Missverhältnisses seines moralischen und intellektuellen Maßstabes zur Taxierung der einzelnen führte ihn allmählich zur pessimistischen Ansicht von der Gesellschaft im Ganzen«[88], urteilt einer seiner Freunde. Aber er (Schopenhauer) selber »prätendierte nie, mehr zu sein als ein gelehrter Einsiedler, kein Asket, geschweige denn ein Heiliger.«[89] Und er fordert das Tat twam asi, die Empathie wie für alle Menschen auch für sich. Sie muss »Richtschnur unseres Tuns«[90] sein, unterschiedslos für alle.

Tod des Individuums – Unsterblichkeit der Gattung

Der Wille, das Herz ist die treibende Kraft in allem Dasein – endlos fortdauernd. Und selbst im Tode stirbt nur das Individuum, die Erscheinung. Schopenhauer schreibt dazu: »Jeder fühlt, dass er etwas anderes ist als ein von einem andern einst belebtes Nichts. Daraus entsteht ihm die Zuversicht, dass der Tod wohl seinem Leben, jedoch nicht seinem Dasein ein Ende machen kann.«[91] Ja, es gilt: »Je deutlicher einer sich der Hinfälligkeit, Nichtigkeit und traumartigen Beschaffenheit aller Dinge bewusst wird, desto deutlicher wird er sich auch der Ewigkeit seines eigenen inneren Wesens bewusst.«[92] Der Wille (an sich) ist unzerstörbar.

Da nun dieser Wille allem Dasein gemeinsam ist, eben auch den Tieren, gilt für diese (nahezu) dasselbe: »Wenn ich ein Tier, sei es ein Hund, ein Vogel, ein Frosch, ja ein Insekt, töte, so ist es nicht denkbar, dass dieses

Wesen, oder vielmehr die innere Kraft, vermöge welcher eine so bewundernswürdige Erscheinung noch den Augenblick vorher sich darstellte, jetzt durch meinen boshaften oder leichtsinnigen Akt zu Nichts geworden sei. Und andrerseits können die Millionen Tiere, welche jeden Augenblick in unendlicher Mannigfaltigkeit und voll Kraft und Strebsamkeit ins Dasein treten, nicht vor dem Akt ihrer Zeugung gar Nichts gewesen und vom Nichts zu einem absoluten Anfang gelangt sein. Und sehe ich nun eines sich meinem Blicke entziehn, ohne dass ich erfahre, wohin es geht und ein andres hervorkommen, ohne dass ich je erfahre, woher es kommt, und haben noch dazu beide dieselbe Gestalt und dasselbe Wesen, nur nicht dieselbe Materie, welche Materie sie aber überhaupt während ihres Daseins fortwährend wechseln: – nun so liegt die Annahme, dass das, was verschwindet, und das, was an seine Stelle kommt, ein und dasselbe ist, welches nur eine kleine Veränderung oder Erneuerung seines Wesens er-

litten hat, und dass demnach, was der Schlaf für das Individuum, der Tod für die Gattung sei.«[93]

Weil es nun aber dasselbe ist, das im sterbenden Individuum zunächst verschwindet und im neugeborenen wieder in Erscheinung tritt (nämlich der unzerstörbare Wille), ist jeder neue Hund (Schopenhauers) in Wahrheit der alte. Daher trugen sie – so steht zu vermuten – alle den Namen »Butz« bzw. »Atma«.

Der Tod ist also keine absolute Vernichtung für das Tier. »Die Annahme [...], dass die Geburt eines Tieres eine Entstehung aus nichts, und sein Tod eine absolute Vernichtung sei [...], während der Mensch, ebenso aus Nichts geworden, dennoch eine individuelle Fortdauer mit Bewusstsein habe, während der Hund [...] durch den Tod vernichtet [... werde], – das ist doch wohl etwas, wogegen der gesunde Sinn sich empören und es absurd finden muss.«[94] Aber »die Annahme, dass der Mensch im Wesentlichen und Hauptsächlichen dasselbe ist wie das Tier, kann uns zur wirklichen Erkenntnis der Unzerstörbarkeit unseres Wesens verhelfen.«[95]

So war für Schopenhauer sein eigenes Ende weniger schrecklich als für Atma das seines Herrn.

So war's mit Atma

Der ständige Begleiter

Doch noch sind Schopenhauer und Atma – alle seine Pudel verschmolzen zumindest den Frankfurtern zu *einem*[96] – am Leben, und Schopenhauer liebte seine Hunde, »weil er nur bei ihnen Intelligenz ohne menschliche Verstellung gefunden«[97] habe.

Zugleich waren sie ihm »Meditationsobjekt, Gegenstand seines Nachdenkens über Ursprung, Sinn und Ziel des Daseins.«[98] Ein Freund erinnert, »dass [... er] einst bei ihm [Schopenhauer] saß und zu ihm sprach, als sich auf einmal sein Gesicht veränderte, indem sein Blick auf den Pudel fiel, der eben ins Zimmer gelaufen kam und [... ihn] als einen Menschen, den er noch nicht recht kannte, aufmerksam fixierte. [... Schopenhauer] schwieg, und erst nach einer langen Pause ergriff er wieder das Wort mit der Frage: Haben Sie den Blick des

Tieres gesehen?«[99] So sehr waren dem Philosophen die Pudel Gegenstand seines Nachdenkens, dass – nachdem Schopenhauer berühmt geworden war – es zu einer regelrechten Pudelmode in Frankfurt gekommen sein muss. Eine Frankfurter Zeitung schreibt 1856: »Ein Pudel scheint das notwendige Zubehör manches Philosophen zu sein.«[100]

Ein anderer Zeitgenosse als der zuvor genannte, eine Nachbarin, die als Kind im Nebenhaus wohnte und die schon kurz erwähnt wurde, schildert ihre erste Begegnung mit Atma folgendermaßen: »Eines Tages, es war ein kalter Wintertag, sollte ich mit Miss [Bessie, dem Kindermädchen] meine tägliche Promenade machen. Ich trug ein weißes Pelzmützchen, einen großen weißen Pelzkragen und ein Müffchen, weiß mit schwarzen Schwänzchen und sähe wie ein kleiner Eisbär aus, sagte Papa, als wir uns verabschiedeten. Kaum waren wir unten in der Eingangshalle angelangt, als Miss Bessie einfiel, sie hätte etwas vergessen. Ich sollte einen Augenblick warten, sie wäre sofort wieder da. Kaum war sie fort, als ich von der Straße aus einen schlürfenden Schritt, ein Aufstoßen eines Stockes, ein Murmeln und dazwischen das laute Bellen eines Hundes hörte. Mein Herz stockte vor Angst, sollte es vielleicht der böse Mann sein, der hier nebenan wohnte? Da wurde auch schon die Tür aufgerissen, und herein mit wütendem Gebell stürzte sich ein großer Hund auf mich, ein Pudel [...]. Mit seinen beiden Pranken sprang er mir auf die Schultern, seine heiße, bellende Schnauze fühlte ich direkt vor meinem Gesicht. Toderschrocken schrie ich auf und stieß gellende Hilferufe aus, wie sie nur jemals aus einem verängstigten Kinderherzen kamen.

Als nun gar noch ein alter, kleiner, brummender und schreiender Mann mit wilden Gebärden zur Haustür hineinrannte und auf den Pudel schlug, der über mir stand, vergingen mir fast die Sinne. Nun kamen von allen Seiten die Leute herbeigerannt, man nahm mich auf und untersuchte mich und suchte mich zu beruhigen, und als Bessie kam, um nach ihrem

Darling zu sehen, war ich ganz aufgelöst in Tränen, obwohl der alte Herr – es war Schopenhauer – ganz gut zu mir sprach und mir sagte, dass sein Pudel niemand beiße und es nur gut gemeint habe. In fließendem Englisch sprach er noch mit Miss und bat um Entschuldigung für den Schrecken. Auch eine alte Frau kam und brachte mir zwei schöne, rote Äpfel und sagte mir, ich solle doch nicht so schreien und mir den Pudel ansehen und streicheln, er sei doch ein so gutes Tier. Es war die Haushälterin von Schopenhauer.

Als sie am andern Tag heraufkam und mir im Auftrag ihres Herrn eine kleine Puppe schenkte und sich erkundigte, wie mir der Schrecken bekommen wäre, brachte sie auch den Missetäter mit herauf. Er musste mir eine Pfote geben und allerhand Kunststücke machen. Ich war wieder froh und glücklich.«[101] So stürmisch begann eine enge Freundschaft zwischen einem kleinen Mädchen und dem Pudel Atma und – will man der Nachbarin in ihrer Erinnerung glauben – auch mit Schopenhauer.

Der Pudel war also Spielkamerad für sie und Meditationsobjekt für Schopenhauer. Aber nicht allein dies war der Pudel für den Philosophen. Er war auch – wir erwähnten es schon – dessen ständiger Begleiter: »Jedes Kind in Alt-Frankfurt kannte das weltberühmte Original der Stadt: den frischen alten Herrn mit dem rosigen, immer sorgfältig rasierten geistvollen Gesicht, dem weißen, büschelförmig abstehenden Haar und Backenbart, dem sarkastischen schmalen Mund und den großen, lebhaften blauen Augen. Sommer und Winter, bei gutem und schlechtem Wetter sah man ihn täglich durch Frankfurt gehen, den Kopf etwas nach vorn geneigt, einen dicken Stock mit goldenem Knauf in der Hand und um die Schultern ein sogenannten Kürechen, einen der in der ersten Hälfte des 19. Jahrhunderts modernen Mantel mit mehreren stufenförmig abfallenden Kragen. Jeden Nachmittag unternahm der alte Herr einen weiten Spaziergang, immer folgte ihm in einem Schritt Abstand ein gravitätisch einherstolzierender Pudel.«[102] So schreibt eine Dame, die Schopenhauer vielleicht noch kennenlernte, als sie Kind war, in einem Zeitungsartikel. Ja, er blieb seinem Herrn ständig auf den Fersen. »Rauften sich irgendwo am Mainufer ein paar Hunde in der Gosse – und Atma hatte wohl Lust, sich unter sie zu mengen […] – so genügte ein leiser Pfiff, um ihn nach einigen verwegenen Sprüngen wieder an die Seite seines Besitzers zurückzubringen.«[103] Auf den täglichen langen Spaziergängen am Nachmittag[104] »folgte [er] ihm [also] in einem Schritt Abstand […] gravitätisch einherstolzierend«[105] oder lief – immer ohne Leine[106] – freudig voran, wie ein Zeitgenosse berichtet,[107] nicht selten den Spazierstock Schopenhauers im Maul oder »zusammengefaltete Zeitungen und Paketchen«.[108] So schreibt jene zuvor schon erwähnte Dame in ihrem Artikel.

Oder war es nicht derselbe Hund, der dem Philosophen gravitätisch folgte oder voranlief? Denn – wie gesagt – den Frankfurtern verschmolzen alle Pudel zu dem *einen* Atma. (Oder es war doch derselbe Pudel, nur in verschiedenen Lebensphasen). Es wird aber auch überliefert, dass die Frankfurter meinten, Schopenhauer hause mit einer ganzen Meute Hunde zusammen,[109] vielleicht der vielen Hundebilder wegen, die – wie schon erwähnt – in seiner Wohnung aufgehängt waren und von denen Besucher erzählt hatten. Dass den Frankfurtern alle Pudel, mochten sie »nun braun, weiß oder schwarz sein, […] eben Schopenhauers Pudel«[110] waren, zu *einem* Pudel verschmolzen und – wie auch schon erwähnt – Atma hießen, bezeugt allerdings auch jene zweite schon genannte Dame, die darüber hinaus Folgendes zu erzählen weiß: »Wenn aber Atma, was gelegentlich vorkam, den ihm anvertrauten Gegenstand an einer Straßenecke niederlegte, um rasch einem anderen Hund nachzulaufen oder gar eine hübsche Hundedame zu beschnuppern, geriet Schopenhauer in hellen Zorn. In deutscher, englischer und lateinischer Sprache ergoss sich ein gewaltiges Donnerwetter über das Haupt des vierbeinigen Sünders. Der Hund bekam allerlei fremdländische Kraftausdrücke zu hören, Strafe wurde ihm angedroht, er musste unverzüglich sein Paketchen ins Maul nehmen und seinem Gebieter sittsam in der gewohnten Weise in einem Schritt Abstand folgen. In solchen Fällen konnte es auch geschehen, dass der Philosoph seinen Pudel mit »Mensch« anredete – zur Strafe –, was bei ihm der Ausdruck tiefster Verachtung bedeutete.«[111]

Unterwegs durfte der Hund weder Speise noch Trank annehmen, auch dann nicht, wenn er zuvor in der Sommersonne gelaufen war. Der Sohn des schopenhauerschen Schuhmachers berichtet, »dass der Hund des Philosophen aus einem nicht ganz sauberen Ledereinweichkübel trinken wollte, was man ihm nach dem längeren Spaziergang in der prallen Juni- oder Julisonne nicht verargen konnte.« Schopenhauer aber hinderte das Tier an seiner Absicht. »Pfui«, sagte er, »wer wird sich wohl über solche Jauche hermachen!« Kurz darauf trat die Meisterin, die von draußen die Szene beobachtet hatte, mit einer Schüssel voll Milch für das Tier herein. Schopenhauer wehrte sofort unfreundlich, ja schroff ab mit der Bemerkung, dass er es nicht gern sähe, wenn sein Hund außerhalb des Hauses von fremder Hand Futter oder etwas zum Trinken zu sich nähme. Als die tierliebende Meisterin beleidigt erwiderte, dass es doch die feinste Milch sei, die sie im Hause habe, kam Schopenhauer, noch ein wenig barscher, mit dem Einwand, das möge wohl alles richtig sein; aber er könne auch bei ihr von seiner Regel keine Ausnahme machen. Er begriffe es überhaupt nicht recht, wieso die Leute, die sich doch sonst meistens jedes Stückchen Brot missgönnten, dazu kämen, ihnen fremde Tiere immer mit Gewalt füttern zu wollen. »Und die Leute wissen«, sagte er, »dass dieser Hund da das einzige ist, was mich mit den Geschöpfen der Welt noch irgendwie verbindet. Glauben Sie mir, dieses Wissen genügt bei manchen Menschen, um meinem Tier nach dem Leben zu trachten. Schon zweimal habe ich ihm vergiftete Fleischbrocken abgenommen, und das Beschnüffeln dieser allein hatte schon genügt, dass sich der Hund tagelang wie toll erbrach.«[112]

Alles, was den Hund betraf, machte Schopenhauer aufmerksam, auch dann, wenn er in tiefsten Gedanken versunken war. Er wurde »sehr ärgerlich, wenn die Frankfurter Gassenjungen seinem Pudel einen Streich spielen wollten.«[113] Die schon erwähnte Dame lässt in ihrem Artikel einen Frankfurter Bürger zu Worte kommen: »Auf alles, was den Hund betraf, wurde Schopenhauer sofort aufmerksam, auch wenn der Ausdruck seines faltigen Gesichts Weltferne widerspiegelte. Wenn er vielleicht gerade in der Zeit, da die Buben wieder etwas mit seinem Hund vorhatten, vor einer Auslage stand, drehte er sich kurz um, und ein einziger Blick aus seiner in einer solchen Lage kalten und strengen Augen genügte meistens schon, die Übeltäter von seinem Tier zu vertreiben.«[114]

Einmal bewarfen Gassenjungen den Pudel vor dem Haus mit Torfstücken. Dieser war der Raserei nahe. Schopenhauer trat zum Fenster, öffnete es und ließ eine »aus vielen Sprachen zusammengesetzte«[115] Schimpfrede los.

Nicht nur stets wachsam, was seinen Hund anbetraf, war Schopenhauer; er war – wie wir sahen – auch besorgt, dass sein Hund vergiftet werden könnte. Versuche hierzu hat es wohl gegeben, bestätigen auch andere als er selbst.[116] Na ja, der Hund gab, so berichtet ein Zeitgenosse, »an jedem Garten seine Visitenkarte ab [jedenfalls der braune]«[117] (was dennoch wohl kaum Grund für Gift ist).

Derselbe Zeitgenosse berichtet weiter, dass eines Tages der dem Philosophen vorausgesprungene »Mensch« an der Gartentüre des Schweizerhauses am Röderberg seine Hinterlassenschaften (in welcher Form?) abgelegt hatte und dann auf die Bank im Garten gesprungen war. »Ah, mein liewer Mensch, da liegst du ja wie eine auf ihrem Sockel ausgestreckte Sphinx!«[118], soll Schopenhauer gerufen haben. Diese Geschichte hatte dann wegen der »Visitenkarte« noch eine ziemlich ungute Begegnung mit dem Gärtner des Anwesens, auf die wir hier auch eingehen wollen, weil sie die Angelegenheit mit dem Gift noch einmal aufgreift:

»Der Gärtner des Herrn J. hatte mit einer langen Bohnenstange und zwischen den Latten des Zaunes hindurch dem vierbeinigen Visitenkartenableger einen nicht ganz gelinden Stoß versetzt … ›Sie Bauernbengel!‹, rief ihm der Herr Professor zu. Dieser aber […] überschüttete nun den Weisen von Frankfurt mit dem ganzen Komplimentierbuch von Hibb un Dribb der Bach und warf dann, zum Beschluss, dem Herrn Professor noch einen Siebensortenflegel an den Kopf. Siebensortenflegel. Dieses vielversprechende Wort imponierte Schopenhauer, aber nicht in unfreundlicher Weise. Er hatte es noch nie gehört, und er lächelte. Mich hat das Geschrei des Gärtners herbeigelockt [erinnert sich eben jener Zeitgenosse], und der Herr Professor frug mich: ›Sagen Sie, was versteht man unter Siebensortenflegel? Es muss, dem Worte nach, also sieben Sorten von Flegeln geben?‹ ›Allerdings, Herr Professor. So gut es sieben Weisen von Griechenland, Sieben gegen Theben, sieben Meister, Sieben Wunder der Welt und sieben Todsünden gibt, gibt es auch sieben Flegel.‹ ›Und die sind?‹ ›Erstens: der Urflegel; zweitens: der geborene Flegel; drittens: der Hauptflegel; viertens: der Erzflegel mit der Unterabteilung: grob wie Packtuch; fünftens: der Universalflegel mit der Unterabteilung: grob wie Saubohnenstroh; sechstens: der Mordsflegel und siebentens: der göttliche Flegel. Derjenige nun, welcher alle diese sieben Sorten von Flegeln in seiner Person vereinigt, ist ein Siebensortenflegel.‹ –

Schopenhauer lachte laut auf und sagte: ›Nun, so weit habe ich's noch nicht gebracht.‹ […] Nach diesem kleinen Auftritt ließ sich Schopenhauer acht Tage lang nicht mehr auf dem Röderberg sehen. Dann kam er wieder, und gleich beim ersten Male passierte ihm wieder mit seinem ›Menschen‹ etwas, aber etwas ganz Unmenschliches, und zwar in meinem Garten. […] Ich hatte mir, um den ›Menschen‹ aus dem unteren Garten zu verjagen, wo er unter meinen Hühnern und Enten Unheil anrichten konnte, eine Peitsche geholt und knallte damit schon im oberen Garten. Schopenhauer eilte herbei, kam an den Garten und frug mich, ob sein Hund noch immer im Garten sei. ›Freilich, Herr Professor‹, sagte ich und dachte dabei: Na warte, er soll so bald nicht wiederkommen! ›Freilich, Herr Professor, und leider, denn im unteren Garten, wo er sich befindet, ist Gift gelegt für die Marder, denn neulich erst war einer im Hühnerhaus, im Entenhaus und im Taubenschlag.‹

›Gift? Um Gottes willen! Atma! Atma! Atma! Atma, komm her! Willst du gleich kommen!‹, rief der Professor in den unteren Garten hinab.

Atma kam, und man sah seiner Schnauze an, dass er etwas gefressen hatte. ›Da haben wir's! Er hat richtig von dem Gift gefressen. Ich sehe es an dem Stückchen Papier, das ihm noch an dem Maule klebt. In solches Papier war das mit Arsenik vergiftete rohe Fleisch gewickelt!‹ ›Arsenik? Armer Atma. Haben Sie für Geld und gute Worte keine Milch, so viel als Sie im Hause haben!‹ ›Gewiss, Herr Professor. Es geschieht aus Menschenpflicht.‹ Er lächelte schmal. Ich aber rief meiner Frau: ›Mary, bringe doch gleich einen Kumpen voll Milch. Der Hund des Herrn Professor hat Gift gefressen‹, sagte ich. ›Gift? Danach sieht der Hund aber gar nicht aus; er ist ja ganz vergnügt und munter. Wo soll er denn das Gift gefressen haben?‹ ›Da unten im Garten‹, sagte der Herr Professor tonlos.

Meine Frau sah mich an und schüttelte den Kopf. Mittlerweile hatte der Pudel mit großer Begierde und mit fortwährendem Schwänzeln den Kumpen schon halb leer gesoffen. Da zog ich erschrocken den Kumpen weg, schüttete ihn aus und sagte zu meiner Frau: ›Mary, du hast dich vergriffen! Du hast Kalkmilch gebracht, Kalkbrühe, mit welcher ich die Obstbaumstämme anstreichen wollte, die so von den Raupen heimgesucht werden!‹ ›Kalkbrühe!‹, rief der Professor. ›Auch das noch! Haus des Unglücks! Garten der Hölle! Fort, Atma, fort!‹ Und fort eilte er zum Garten hinaus, und sein Pudel sprang munter neben ihm her.«[119]

Nach dem nachmittäglichen Spaziergang bekam gegen sechs Uhr Atma sein Futter: einen Teller voll Fleisch.[120] Eine Nachbarin wohnte als Kind in Frankfurt/Main im Nachbarhaus, eben dieselbe, die dann Freundschaft schloss mit Atma und vielleicht auch Schopenhauer. Dieser Nachbarin zufolge kochte Schopenhauers Haushälterin für sich und Atma und aß auch mit dem Hund zusammen. Wobei Atma sorgfältigst aufleckte.[121] Schopenhauer speiste wieder im Englischen Hof.[122]

Zu Hause öffnete Atma gemeinsam mit ihr dem Besuch die Tür.[123] Dabei blieb unklar, wer von den beiden der Diener war. Der Sohn eines Zeitgenossen sieht das so: »Dieses Tier stellte in der schopenhauerschen Behausung sozusagen Portier und Diener zugleich dar und nahm jeden, der etwas mit der Haushälterin oder dem Philosophen selbst zu tun haben wollte, in Empfang.«[124] Zuweilen knurrte er ein wenig, bisweilen leckte er die Hand, und hin und wieder stellte er seine Vorderpfoten auf die Schultern des Besuchers.

Kamen die Besucher vormittags – was in späteren Jahren Schopenhauers in der zweiten Hälfte des Vormittags gewöhnlich so war[125] –, so lag der Pudel ausgestreckt auf den Steinfliesen vor der Tür der Parterrewohnung und ließ sich von der Morgensonne bescheinen. »Dabei streckte er die ziemlich kahl geschorene Schnauze eben aus dem Türrahmen hervor. Er erhob sich auch nicht, wenn etwa Leute nach den anderen Wohnungen, die sich noch in einigen Stockwerken des Hauses befanden, gelangen wollten. Denen blieb daher meist nichts anderes übrig, als über den Hund hinwegzusteigen. Berührte ihn dabei jemand versehentlich mit dem Fuße, so gab er obendrein in einer nicht misszuverstehenden Weise auch noch seinen Unwillen kund.«[125] Wie er überhaupt, so, als habe er dazu Anweisung, ab und zu knurrte, wenn jemand sich näherte und zuweilen Erschrecken hervorrief, denn seine »beiden spitzen Eckhauer eines im Übrigen nicht mehr ganz einwandfreien Gebisses konnten auch gefährlich drohen.«[126] Dabei blieb es aber immer, denn »es gab keine gutmütigere, keine folgsamere Seele als dieser zottige, meistens ziemlich unsaubere Hund.«[127]

Besucher fanden ihn nicht nur ungewaschen,[128] sondern zuweilen auch als grämlich.[129] Auch der Zeitgenosse, der den Hund grämlich fand, erinnert sich, zumindest an ein Hundebild an der Wand: »An der Wand der gewölbten Nische, in der ein hoher und schmaler Ofen stand, sah man einen plastisch und in Farben ziemlich naturgemäß imitierten halben Hund mit ausgestreckten Vorderpfoten hervorspringen, als wenn er auf den Wärmespender hinaufzusetzen beabsichtige. Ich habe nicht erfahren können, ob dies wunderliche Gebild ein vorgefundenes oder vom Hundefreund Schopenhauer selbst, etwa zum Denkmal eines Vorgängers jenes Pudels bestelltes, war.«[130]

Auch zu Hause war der Pudel tagtäglich mit Schopenhauer zusammen, worum ihn auch Zeitgenossen wiederum beneideten: »Ich schwärmte um das Haus an der Schönen Aussicht herum und beneidete fast den Pudel, der tagtäglich in seiner Nähe sein durfte.«[131]

Dieser Pudel war aber nicht nur gutmütig und folgsam, sondern – wie Pudel eben sind – sehr gelehrig. Die Nachbarin, von der schon die Rede war, erinnert sich, dass er Einkäufe für Schopenhauer erledigte. Atma hatte für jeden Kaufmann ein eigenes Körbchen, »eines für den Bäcker, eines für den Metzger und eines für das Kolonialwarengeschäft in der Fahrgasse. Der Bäcker wohnte in der Fischergasse; Atma wusste genau, wo er hinsollte. Ins Körbchen bekam er einen Zettel und das Geld. Ging er einmal falsch, so dirigierte man ihn zur richtigen Stelle […]. Immer brachte er die Sachen gut nach Hause; selbst als ihn einmal ein paar Köter anfielen, stellte er schnell sein Körbchen auf die Straße, biss sich gehörig mit ihnen herum und behauptete das Schlachtfeld, nahm sein Körbchen und kam mit Wunden bedeckt stolz zu Hause an.«[132] Zuweilen war er auch in Begleitung der Haushälterin. Auch dann trug er das Körbchen.

Dieselbe Nachbarin erinnert sich auch, dass Schopenhauer um ein Uhr zum Dinner in den Englischen Hof ging und um drei Uhr zurückkam. Während Schopenhauer speiste, wartete der Pudel an der Ecke der Fahrgasse, »bis er seinen Herrn sah und auf ihn zurannte, wenn er auch noch so weit entfernt war.«[133]

Atma wurde regelmäßig geschoren (wie das bei Pudeln üblich ist)[134]. Aus seinen Haaren wurde eines Tages ein Unterrock für die Haushälterin gewebt. Die alte Frau hatte – ebenfalls aus Atmas Wolle – ein paar Socken für Schopenhauer gestrickt. Beides lag, neben anderen Geschenken, eine Weihnacht unter dem Christbaum. Dieser Christbaum war zudem über und über mit Bratwürsten behängt, zu denen Atma Männchen machte und hochbellte. Täglich schnitt Schopenhauer den Faden einer dieser Würste durch und er warf sie in die Luft, wo der Pudel sie auffing und freudig verschlang. Keines der übrigen Würstchen soll das Tier stibitzt haben, will man besagter Nachbarin glauben.

Auf Reisen ging Schopenhauer, seit er in

Frankfurt lebte, im eigentlichen Sinne nicht mehr. Er verspottete das »Hin- und Herrutschen zur Erholung«. Stattdessen unternahm er »in der guten Jahreszeit [...] zuweilen größere Touren, ohne jedoch über Nacht wegzubleiben.«[135] »Seine größte Fußtour unternahm er jedes Frühjahr in den Taunus, wo er in Königstein Rast hielt. Nur sein treuer Gefährte ›Butz‹ und dessen ähnliche Vorgänger begleiteten ihn auf diesen einsamen Wegen und machten ihm die Gesellschaft der Zweifüßer entbehrlich.«[136]

Wie es endete

Schon zu Lebzeiten – 1852 bzw. 1859 – hatte Schopenhauer verfügt, dass seiner Haushälterin Margarethe Schnepp eine Leibrente von 105, später 315 Talern ausgesetzt wurde.[137] 300 Gulden hatte er für Atma vorgesehen. Von den Zinsen dieses Kapitals sollte Atma sein Futter erhalten.[138] Atma sollte »bis an sein natürliches Ende«[139] versorgt sein. »Den Hund, welchen ich bei meinem Ableben besitzen werde, soll besagte Magd [Margarethe] Schnepp zu sich nehmen, wenn sie will und verspricht, ihn selbst bei sich zu behalten und nicht in Pension zu geben.«[140] Schopenhauer hatte noch weitere etwaige Personen vorgesehen – z.B. seine Freunde Dr. Wilhelm Gwinner oder Dr. Emden – falls Margarethe Schnepp den Hund nicht wollte. Diese aber nahm ihn, der ihr sowieso schon vertraut war, auf und zog mit ihm in ihre Heimatstadt Heidelberg.[141]

Schopenhauer erfreute sich bis ins letzte Lebensjahr guter Gesundheit. Doch am 20. September 1860 dann, erinnert sich ein Freund, »befiel ihn morgens nach dem Aufstehen ein heftiger Brustkrampf, sodass er auf den Boden fiel und sich die Stirn verletzte. Den Tag über fühlte er sich wieder frei, und die folgende Nacht verlief gut. Er war wie gewöhnlich aufgestanden, hatte sich kalt gewaschen und alsdann zum Frühstück gesetzt; die Magd hatte eben erst die Morgenluft in das Zimmer gelassen und sich dann entfernt. Einige Augenblicke später trat sein Arzt herein und fand ihn tot, auf den Rücken gelehnt in der Ecke des Sofas sitzend.«[142]

Ein anderer Zeitgenosse erzählt die Szene so: »Atma, der braune Pudel, hatte sich von seinem Felllager erhoben und drängte sich an seinen Herrn. [...] Als bald darauf der Arzt eintrat, [...] fand er einen Toten, dem Atma die erkaltenden Hände leckte.«[143]

Die schon mehrfach erwähnte Nachbarin bezeugt: »Eines Tages kam ich aus der Schule und wollte fragen, wie es Herrn Doktor gehe. Da weinte die alte Frau [die Haushälterin Schnepp] bitterlich, Atma aber winselte laut, stieß immer seinen Kopf gegen mich und lief unruhig hin und her.«[144]

Das Vermächtnis

Schopenhauer selbst hatte wohl einen leichten Tod.

Nicht nur als »Vater des philosophisch begründeten Tierschutzes wird er unvergessen

Phobie de l'agression nocturne
Münster, 1981

bleiben.«[145] Ein Tierschutz, der ausgeht von der ethisch begründeten Empathie allem Lebenden gegenüber. Davon soll zum Schluss noch einmal die Rede sein. Hören wir ihn selbst: »Mitleid mit allen lebenden Wesen ist der feste und sicherste Bürge für das sittliche Wohlverhalten [...]. Wer davon erfüllt ist, wird zuverlässig keinen verletzen, keinen beeinträchtigen, keinem wehe tun, vielmehr mit jedem Nachsicht haben, jedem verzeihen, jedem helfen, so viel er vermag, und alle seine Handlungen werden das Gepräge der Gerechtigkeit und Menschenliebe tragen. [...] Ich weiß mir kein schöneres Gebet, als das, womit die altindischen Schauspiele [...] schließen.«[146] Und dieses Gebet zitiert Schopenhauer oft. Es lautet: »Mögen alle lebende[n] Wesen von Schmerzen frei bleiben.«[147]

Statt eines Nachwortes: Streiflichter auf Schopenhauer und die moderne Hundeforschung

Im 18. Jahrhundert lehrte der Philosoph Descartes, das Tier sei eine Maschine. 100 Jahre dauerte es, bis im 19. Jahrhundert Schopenhauer, der »große Denker, der das Tier wie [...] kein zweiter in seinem Weltbild und in seiner Morallehre zur Geltung kommen ließ,«[148] erscheint und dem geistigen Wegbereiter der Tiermaschine«[149], eben Descartes, Paroli bietet. Doch auch heute scheint gesagt werden zu müssen: »Der Hund ist keine Maschine.«[150]

Ebenfalls in anderen Fragestellungen zum Thema Tier, speziell Hund, scheint Schopenhauer up to date. Wie wir gesehen haben, spricht er Hunden ein mögliches Analogon zur Moralität zu. Schöning/Steffen/Röhrs[151] etwa bestreiten ein »schlechtes Gewissen« bei Hunden, was jedoch Schopenhauer nicht widersprechen muss.

Ganz auf einer Linie liegen er und Horowitz

in der Frage des Gedächtnisses beim Hund. Schopenhauer spricht ihm – wie wir sahen – ein (menschliches) Gedächtnis (nicht aber Erinnern) ab, weil der Hund nicht über Begriffe verfügt. Horowitz[152] verneint bei Hunden ebenfalls ein Gedächtnis im eigentlichen Sinne, weil sie nicht über (begriffliche) Sprache verfügen. Sie hätten das Gedächtnis eines Kleinkindes.

Nicht einverstanden mit Schopenhauer wären wohl Feddersen-Petersen[153] und Handelmann[154], die von der Persönlichkeit des Hundes sprechen. Für Schopenhauer aber sind Tiere Exemplare ihrer Gattung, keine Wesen mit Individualcharakter im menschlichen Sinne.

Allein bleibt Schopenhauer aber nicht mit seiner These, Hunde seien (wie alle Tiere) ohne Falsch. Horowitz spricht zwar von kleinen »Täuschungsmanövern« ähnlich ungeschickt wie zweijährige Kinder, aber »ihre Körper lügen nicht, selbst wenn sie uns manchmal umschmeicheln oder kleine Tricks anwenden.«[155] Und wenig später: «Der Hund dagegen [anders als der Mensch] ist erfrischend frei von Täuschungsabsichten.«[156]Ganz auf dem Stand der neusten Forschung ist Schopenhauer mit der These, dass Hunde keine abstrakten Begriffe kennen und ganz in der Gegenwart leben. Horowitz schreibt: »Wenn man ohne das Abstrakte lebt, wird man von dem Unmittelbaren voll in Anspruch genommen und betrachtet jedes Ereignis, jedes Objekt als einzigartig. Das ungefähr bedeutet es, im Augenblick zu leben – unbelastet von der Reflexion.«[157]

Auch Horowitz fragt – wie seinerzeit ebenfalls Konrad Lorenz –, warum Bindungen über Artgrenzen hinweg entstehen und meint, »das Ziel könnte letztlich die Paarung sein, aber auch Überleben, Zusammenarbeit und Empathie oder Wohlempfinden.«[158] Bei Schopenhauer klingt Vergleichbares so: »Ist es nicht da höchst bedeutsam, dass, wie der Mensch durch Zähmung einer Wolfsart, sich seinen treuesten Freund, den Hund erworben hat […], gerade der Wolf Menschenkinder sich aneignet? – Zeugt es nicht von einer besonderen Sympathie, einer geheimen Wahlverwandtschaft zwischen beiden?«[159] Und er hat damit vor 200 Jahren vielleicht die (eine?) Antwort schon gefunden.

Anmerkungen

1 Hübscher Gedichte 104
2 vgl. Gwinner Arthur Schopenhauer
3 vgl. Lerch 260
4 Gwinner Arthur Schopenhauer 44
5 vgl. Bamberger 10
6 Pohl/Rumpf 21; vgl. auch Palmer 44
7 Schopenhauer Pargerga II Haffmans 5, 82
8 Schopenhauer Parerga II Haffmans 5, 556
9 Schopenhauer Grundlage der Moral Zürcher VI 280
10 April 1840 in die Neue Mainzer Straße 3/16; dann im März 1843 in die Schöne Aussicht Nr. 16 auf dem rechten Mainufer dem deutschen Ordenshaus gegenüber, ein Jahr später der größeren

Wohnung wegen in das Erdgeschoss des Hauses Nr. 17; vgl. dazu Fischer 73 f.

11 vgl. Franz-Schneider 12

12 Asendorf 9

13 Fischer 73 f.; vgl. auch Gwinner Arthur Schopenhauer 186 und zu den Hundebildern v. Lippmann 121

14 Gwinner Arthur Schopenhauer 186

15 vgl. Großmann 52 f.

16 vgl. Hübscher Anekdotenbüchlein 56

17 ebd.

18 Hübscher Gespräche 50 f.; Gespräch mit Xaver Schnyder von Wartensee

19 vgl. Hübscher, Angelika 292, Legende zu Bild 368

20 Hübscher Anekdotenbüchlein 54

21 ebd.

22 Hübscher Anekdotenbüchlein 56

23 ebd. 56 f.

24 Zu Benne, auch Bendel »Korb, Geflecht«; das Tuch darüber »Benneltuch«. Zu Bennel »Korb« bei Grimm 1, 1474

25 Hübscher Anekdotenbüchlein 71 f.

26 vgl. Schopenhauer Nachlass IV, I 193

27 Schopenhauer Parerga I Haffmans 4, 444

28 vgl. Baberath 49

29 Hübscher Gespräche 90; Gespräch
   mit Julius Frauenstädt; vgl. auch Pohl/
   Rumpf 17 u. Asendorf 9

30 Schopenhauer Grundlage der Moral
   Zürcher VI 287

31 ebd.

32 ebd.

33 Schopenhauer Grundlage der Moral
   Zürcher VI 288

34 Tat twam asi ist hinduitisch und stammt
   aus dem altindischen Sanskrit. Bei Schopenhauer Parerga II Haffmans 5, 198

35 Schopenhauer Grundlage der Moral
   Zürcher VI 285; Haffmans 3, 603

36 Schopenhauer Grundlage der Moral
   Haffmans 3, 599

37 ebd.

38 Schopenhauer Grundlage der Moral
   Zürcher 6, 252; vgl. Kiowski 174

39 Fischer 439

40 Schopenhauer Welt als Wille II Haffmans 2, 72

41 ebd.

42 Schopenhauer Parerga II Haffmans 5, 191 f.

43 Schopenhauer Antistrophe zum 73. Venetianischen Epigramme. In: Hübscher Gedichte 44

44 Schopenhauer Welt als Wille II Haffmans 2, 73

45 Schopenhauer Nachlass 3, 541

46 Schopenhauer Nachlass 1, 49

47 Bamberger 63

48 ebd.; vgl. auch Schopenhauer Welt als Wille II Haffmans 2,72

49 Bamberger 63

50 Schopenhauer Über die vierfache Wurzel Haffmans 3, 85

51 vgl. Bamberger 45

52 Bamberger 75

53 vgl. Schopenhauer Welt als Wille II Haffmans 2, 401

54 Bamberger 75

55 Bamberger 77

56 Bamberger 87

57 Schopenhauer Welt als Wille II Haffmans 2, 116 f.

58 Schopenhauer Welt als Wille I Haffmans 1, 73

59 Schopenhauer Freiheit des Willens Haffmans 3, 397

60 Schopenhauer Nachlass 3, 245

61 Schopenhauer Nachlass 3, 418; vgl. auch Schopenhauer Wille in der Natur Haffmans 3, 258

62 Schopenhauer Wille in der Natur Haffmans 3, 258 f.

63 Schopenhauer Nachlass 3, 418

64 Schopenhauer Nachlass 3, Anmerkung auf 419; vgl. auch Schopenhauer Wille in der Natur Haffmans 3, 258 f.

65 Schopenhauer Freiheit des Willens Haffmans 3, 398

66 ebd.

67 Schopenhauer Nachlass 1, 45; vgl. dazu Schöning/Steffen/Röhrs 89 f.

68 vgl. dazu Bamberger 30; anders dagegen z.B. Feddersen-Petersen

69 Schopenhauer Nachlass 3, 493

70 Schopenhauer Parerga I Haffmans 4, 43

71 Schopenhauer Welt als Wille I Haffmans 1, 73

72 Schopenhauer Nachlass 4, I 30

73 Schopenhauer Nachlass 3, 609

74 Bamberger 37

75 Schopenhauer Nachlass 4, I 30

76 Schopenhauer Nachlass 3, 609

77 Bamberger 29

78 Schopenhauer Grundlage der Moral Haffmans 3, 552

79 vgl. ebd.

80 Richert 50

81 Richert 51

82 Haffman Über Arthur Schopenhauer 272

83 Schopenhauer Welt als Wille I Haffmans 1, 72

84 Schopenhauer Nachlass 4, II 8 f.

85 Schopenhauer Parerga II, 1 Zürcher IX 331

86 Baberath 50

87 Gwinner Arthur Schopenhauer 149

88 Gwinner Arthur Schopenhauer 118

89 Schopenhauer Parerga II Haffmans 5, 331

90 Schopenhauer Parerga II Haffmans 5, 247

91 ebd.

92 Schopenhauer Nachlass 3, 436

93 Schopenhauer Nachlass 3, 437

94 Bamberger 93 f.

95 Gwinner Arthur Schopenhauer 82 f.; vgl. auch Droste-Hülshoff 12

96 Gwinner Gespräch 348; Gespräch mit Paul Armand Challemel-Lacour

97 Asendorf 9

98 Gwinner Arthur Schopenhauer 91

99 vgl. Die Schopenhauer-Welt 111

100 Franz-Schneider 10 f.

101 Doste-Hülshoff 12

102 Lerch 260

103 vgl. Gwinner Arthur Schopenhauer 180

104 Droste-Hülshoff 12

105 Droste-Hülshoff 12

106 vgl. Hübscher Gespräche 79; Gespräch
mit Julius Frauenstädt

107 Droste-Hülshoff 12

108 vgl. Hübscher, Angelika 292, Legende zu
Bild 368

109 Droste Hülshoff 12

110 Droste-Hülshoff 12

111 Hübscher Gespräche 160; Gespräch mit
Johann Hartmann Hieronymus

112 Droste-Hülshoff 12

113 Droste-Hülshoff 12

114 Lerch 259

115 Hübscher Gespräche 160 f.; Gespräch
mit Johann Hartmann Hieronymus u.
Gespräche 176 f.; Gespräch mit Friedrich Stoltze

116 Hübscher Gespräche 274; Gespräch mit
Friedrich Stoltze

117 Hübscher Gespräche 274 f.; Gespräch
mit Friedrich Stoltze

118 Hübscher Gespräche 274–277; Gespräch
mit Friedrich Stoltze

119 Hübscher Gespräche 81–83

120 vgl. Franz-Schneider 14

121 vgl. Schäfer 84–88

122 Hübscher Gespräche 206; Gespräch mit Robert von Hornstein

123 Lerch 259

124 vgl. Gwinner Arthur Schopenhauer 180

125 Lerch 259

126 ebd.

127 ebd.

128 vgl. Hübscher Gespräche 300; Gespräch mit Friedrich Hebbel

129 vgl. Hübscher Gespräche 311; Gespräch mit Frédéric Morin

130 Hübscher Gespräche 300; Gespräch mit Friedrich Hebbel

131 Hübscher Gespräche 289; Gespräch mit C.G. Beck

132 Franz-Schneider 12

133 Franz-Schneider 12 f.

134 vgl. Fogle 32, 126, 298

135 Gwinner Arthur Schopenhauer 182

136 Gwinner Arthur Schopenhauer 183

137 vgl. Hübscher Gespräche 162, Anmerkung 164

138 vgl. Droste-Hülshoff 12

139 Asendorf 9

140 ebd.

141 vgl. Droste-Hülshoff 12 u. – noch ausführlicher – Abendroth 197

142 Hübscher Gespräche 294; Gespräch mit Wilhelm Gwinner; vgl. auch Gwinner Arthur Schopenhauer 192

143 Eser 235

144 Hübscher Gespräche 398; Gespräch mit Lucia Franz., geb. Schneider. Ähnlich in ihren Erinnerungen 21

145 Zoebe 29; vgl. auch Bamberger 135

146 Schopenhauer Grundlage der Moral Zürcher VI 275

147 ebd.

148 Opitz 109

149 Zoebe 28

150 Widmer 4

151 vgl. Schöning/Steffen/Röhrs 89 f.

152 vgl. Horowitz 273–276

153 vgl. Feddersen-Petersen 349–355

154 vgl. Handelmann 136–138

155 Horowitz 316

156 Horowitz 317

157 Horowitz 312

158 Horowitz 323; vgl. auch Bloch/Radinger Klappentext

159 Schopenhauer Nachlass 4 II 24 f.

Bildnachweis

Umschlagseite vorn: Karikatur von Wilhelm Busch. Mit freundlicher Genehmigung von Stephen Roeper, Universitätsbibliothek Frankfurt/Main/Archivzentrum/Nachlass Arthur Schopenhauer.

Frontispiz: Zeichnung von Chlodwig Poth mit dem Titel »Schopi ist glücklich«. Aus: Arthur Hübscher (Hrsg.): Gedichte von an über Arthur Schopenhauer. Zürich: Haffmans 1984. © Chlodwig Poth.

S. 21: Karikatur von Prof. Dr. Alain Deligne, Universität Münster, der freundlicherweise die Druckerlaubnis gab. Die Vorlage stammt dankenswerterweise auch vom Autor selbst. Der französische Text links unten im Bild lautet: »verre personell dont il ne se défaisait jamais car sa méfiance à l'égard des fournitures hôtelières était grande. Phobie de la contagion«, übersetzt: «hier sein persönliches Glas, von dem er sich nie trennte, da sein Misstrauen gegenüber Gaststättenausstattungen groß war. Angst vor Ansteckung.«Erstveröffentlichung.

S. 25: Karikatur von Robert Gernhardt mit dem Titel »Hier stimmt doch was nicht?!« Aus: Arthur Hübscher (Hrsg.): Gedichte von an über Arthur Schopenhauer. Zürich: Haffmans 1984. © Nachlass Robert Gernhardt, durch Agentur Schlück.

S. 35: Kupferstich von Johann Elias Ridinger. Das Bild hing in der letzten Wohnung Arthur Schopenhauers. Die Vorlage wurde zur Verfügung gestellt von Stephen Roeper, Archivzentrum der Universitätsbibliothek Frankfurt/Main/Sammlung Hübscher.

S. 49: Holzschnitt von Johann Jacob Ettling, zuerst erschienen am 25.02.1888 in der im Mai

1933 verbotenen satirischen Wochenschrift
»Frankfurter Latern« und undatiert auf einer Postkarte. Wieder abgedruckt in Walther
Abendroth: Schopenhauer. Rororo Bildmono-
graphien Bd. 133. Reinbek bei Hamburg 1967.
Vorlage von Stephen Roeper, Archivzentrum
der Universitätsbibliothek Frankfurt/Main.

S. 75 Karikatur von Prof. Dr. Alain Deligne,
Universität Münster. Mit freundlicher Genehmigung des Autors. Die Vorlage stammt auch
vom Autor selbst. Der französische Text unten im Bild lautet: »Phobie de l'agression nocturne«, übersetzt: »Phobie vor einem nächtli-
chen Überfall.« Erstveröffentlichung.

Autorin und Verlag danken den Autoren bzw.
deren Rechtsnachfolgern für die Abdruckrechte.

Literatur

Literatur von Schopenhauer selbst

Schopenhauer, Arthur: Der handschriftliche Nachlaß in fünf Bänden. Unveränderter Nachdruck der von Arthur Hübscher herausgegebenen historisch-kritischen Edition Frankfurt/Main: Kramer 1966–75 Vollständige Ausgabe in sechs Teilbänden. Hrsg. von Arthur Hübscher. München: DTV 1985. Zitiert nach Band- und Seitenzahl

Bd. 1: Frühe Manuskripte (1804–1818)

Bd. 2: Kritische Auseinandersetzungen (1809–1818)

Bd. 3: Berliner Manuskript (1818 – 1830)

Bd. 4 I: Die Manuskriptbücher der Jahre 1830–1852

Bd. 4 II: Letzte Manuskripte/Gracians Handorakel

Bd. 5: Randschriften zu Büchern

Schopenhauer, Arthur: Werke in fünf Bänden. Haffmans Ausgabe. Nach den Ausgaben letzter Hand herausgegeben von Lüdger Lütkehans. Zürich: Haffmans 1988. Zitiert nach Ausgabe, Band- und Seitenzahl

Bd. 1: Die Welt als Wille und Vorstellung I

Bd. 2: Die Welt als Wille und Vorstellung II

Bd. 3: Kleinere Schriften

Bd. 4: Parerga und Paralipomena I

Bd. 5: Parerga und Paralipomena II

Schopenhauer, Arthur: Werke in zehn Bänden. Zürcher Ausgabe. Zürich: Diogenes 1977. Zitiert nach Kurztitel, Ausgabe, Band- und Seitenzahl

Bd. I + II: Die Welt als Wille und Vorstellung I

Bd. III + IV: Die Welt als Wille und Vorstellung II

Bd. V: Über die vierfache Wurzel des Satzes vom Grunde/Über den Willen in der Natur. Kleinere Schriften I

Bd. VI: Über die Freiheit des menschlichen Willens/Über die Grundlage der Moral. Kleinere Schriften II

Bd. VII + VIII: Parerga und Paralipomena I

Bd. IX + X: Parerga und Paralipomena II

Darstellungen zu Schopenhauer

Abendroth, Walter: Arthur Schopenhauer in Selbstzeugnissen und Bilddokumenten. Dargestellt von Walter Abendroth. Herausgegeben von Kurt Kusenberg. Reinbek bei Hamburg: Rowohlt 1967.

Asendorf, Kurt: Der Hund des Philosophen. In: Kyffhäuser Nr. 9. September 1962. (Zeitschrift des Kyffhäuserbundes).

Bamberger, Herz: Das Tier in der Philosophie Schopenhauer's. PhilDiss. Würzburg: Becker's Universitäts-Buchdruckerei 1897.

Baberath, Karl Friedrich: Das Frankfurter Anekdotenbüchlein. Frankfurt/Main: Waldemar Kramer 1939. (Kleine Frankfurter Reihe 1).

Die Schopenhauer-Welt. Ausstellung der Staatsbibliothek Preußischer Kulturbesitz Berlin und der Stadt- und Universitätsbibliothek Frankfurt/Main zu Arthur Schopenhauers 200. Geburtstag. Frankfurt/Main: Waldemar Kramer 1988.

Droste-Hülshoff, Sophie: Schopenhauer und sein Pudel. In: Flensburger Tageblatt 01.11. 1935.

Esper, Erich: Seine letzte Stunde. In: Vierzehntes Jahrbuch der Schopenhauer-Gesellschaft. Für das Jahr 1927. Ausgegeben am 22.02.1927. Heidelberg: Carl Winter 1927, 230–235.

Fischer, Kuno: Schopenhauers Leben, Werk und Lehre. Heidelberg: Carl Winter 1908[3]. (Geschichte der neueren Philosophie Bd. 9).

Foerster, Irmgard (Hrsg.): Schopenhauer zitieren. Die Originale zu dieser Sammlung wurden Angelika Hübscher von den Mitgliedern der Schopenhauer-Gesellschaft am 07.11.1982 in Frankfurt/Main überreicht. Die vorliegende Sammlung wurde als bibliophile Faksimile-Ausgabe von 500 nummerierten Exemplaren hergestellt. Bd. 424. Mit einem Nachwort von Angelika Hübscher. Frankfurt/Main: Schopenhauer-Gesellschaft 1983.

Franz-Schneider, Lucia: Erinnerungen an das Schopenhauerhaus Schöne Aussicht Nr. 16 in Frankfurt am Main. Niedergeschrieben im Jahre 1911. Mit einem Nachwort von Fried Lübbecke. Frankfurt/Main: Waldemar Kramer 1987.[2]

Grimm, Jacob und Wilhelm: Deutsches Wörterbuch. Bd. 1. Leipzig: Hirzel 1854.

Großmann, Tanja: Der philosophische Hund. In: Dass mir der Hund das Liebste ist. Ein literarischer Spaziergang. Zusammengestellt von Jürgen Balmes, Tanja Großmann, Nils Ole Schauenberg, Jelena Henkel und Daniel Tomoka Spiecker. Mit Hundeporträts von Tanja Großmann. Mit Hundesilhouetten von Alma Balmes. Frankfurt/Main: Fischer 2012, 52/53.

Gwinner, Wilhelm: Arthur Schopenhauer aus persönlichem Umgang dargestellt. Ein Blick auf sein Leben, seinen Charakter und seine Lehre von Wilhelm Gwinner. Herausgegeben von Charlotte von Gwinner. Frankfurt/Main: Waldemar Kramer 1987[2].

Haffmans, Gerd (Hrsg.): Über Arthur Schopenhauer. Mitarbeit von Claudia Schmölders. Zürich: Diogenes 1981[3].

Hübscher, Angelika (Hrsg.): Arthur Schopenhauer. Leben und Werk in Texten und Bildern. Frankfurt/Main: Insel 1989. (Insel-Taschenbuch 1059).

Hübscher, Arthur: Schopenhauer-Bibliographie. Stuttgart – Bad Cannstadt: Fromman-Holzboog 1981.

Hübscher, Arthur: Schopenhauer in der Anekdote. In: Zweiunddreißigstens Schopenhauer-Jahrbuch für die Jahre 1945–1948. Herausgegeben von Arthur Hübscher. Bad Oenhausen – Leipzig – Frankfurt/Main – Berlin, z.Zt. Minden/Westf.: August Lutzeyer 1948, 182–198.

Hübscher, Arthur (Hrsg.): Arthur Schopenhauers Gespräche. In: Zwanzigstes Jahrbuch der Schopenhauer-Gesellschaft für das Jahr 1933. Heidelberg: Carl Winter 1933, 1–398.

Hübscher, Arthur (Hrsg.): Gedichte von an über Arthur Schopenhauer. Herausgegeben und vorgestellt von Arthur Hübscher. Zürich: Haffmans 1984.

Hübscher, Arthur: Schopenhauers Anekdotenbüchlein. Frankfurt/Main: Waldemar Kramer 1981.

Kiowski, Hellmuth: Mitleid in der patristischen Literatur und bei Schopenhauer. In:

Schopenhauer-Jahrbuch 74. Band. Herausgegeben von Gerd Ingenkamp, Dieter Birnbacher
und Lutz Baumann. Würzburg: Könighausen
& Neumann 1993, 169–174.

[Lerch], **Heinrich Hugo**: Der Hund eines deutschen Philosophen. In: Mensch und Hund.
Das Blatt des Hundschutzes 8. Jg. H. 17, 1931,
259 f.

Lippmann, Edmund O. von: Aus Schopenhauers letzten Lebensjahren. In: Zehntes Jahrbuch der Schopenhauer-Gesellschaft für das
Jahr 1921. Heidelberg: Carl Winter 1921, 120 f.

Opitz, Walter: Glück mit Tieren. Eine kleine
Chronik. Hamburg: Goverts 1940, 109–114 u.
133 f.

Richert, Hans: Schopenhauer. Seine Persönlichkeit, seine Lehre, seine Bedeutung. Leipzig – Berlin: Teubner 1920. (Aus Natur und
Geisteswelt 81).

Schäfer, Wilhelm: Hundert Histörchen. München: Albert Langen/Georg Müller 1940, 84-88.

Zoebe, Gerhard: Zwanzig Jahre Deutscher Tierschutzbund 1948–1968. Frankfurt/Main: Deutscher Tierschutzbund.

Zitiert nach Verfassernamen und Seitenzahl; bei Angelika Hübscher zusätzlich mit Vornamen, bei Arthur Hübscher zusätzlich mit Kurztitel.

Literatur zu Hunden

Bloch, Günther und Elli H. Radinger: Affe trifft Wolf. Dominieren oder kooperieren? Die Mensch-Hund-Beziehung. Stuttgart: Franck-Kosmos 2012.

Feddersen-Petersen, Dorit Urd: Ausdrucksverhalten beim Hund. Mimik und Körpersprache, Kommunikation und Verständigung. Stuttgart: Kosmos 2008.

Fogle, Bruce: Hunde. Das Einsteiger-Handbuch. Vorwort von Wendy Richard. Übersetzung Uta Over. Deutschsprachige Ausgabe. München: Dorling Kindersley 2001. (Keep It Simple Series).

Handelmann, Barbara: Hundeverhalten. Mimik. Körpersprache und Verständigung. Stuttgart: Kosmos 2010.

Horowitz, Alexandra: Was denkt der Hund? Wie er die Welt wahrnimmt – und uns. Aus dem Englischen übersetzt von Jorunn Wissmann. Heidelberg: Spektrum 2010.

Pohl, Karin und Steffi Rumpf: Pudel. Charakter, Erziehung, Gesundheit. Schwarzenbek: Cadmos 2012.

Kaminski, Juliane und Juliane Bräuer: So klug ist Ihr Hund. Stuttgart: Kosmos 2011.

Schöning, Barbara und Nadja Steffen und Kerstin Röhrs: Hundesprache. Körpersprache und Mimik. Leichte Verständigung zwischen Mensch und Hund. Der Schlüssel für die erfolgreiche Erziehung. Stuttgart: Franck-Kosmos 2004. (Praxis Wissen Hund).

Widmer, Peter A.: Hunde verstehen, fördern, führen. Cham: Müller-Rüschlikon 1997.

Zitiert nach Autorennamen und Seitenzahl.